JN094185

大人が変われば、
子どもが変わる

発達障害の
子どもたちから教わった
35のチェンジスキル

阿部利彦

星槎大学大学院 教授

合同出版

はじめに

■大人が変われば子どもも変わる

　園や学校で苦戦しながら、日々チャレンジしてくれている子どもたち。そんな子どもたちを先生方や保護者の皆様と共に応援し続け、私も30年が経とうとしています。

　振り返ると、もちろん支援者の皆様から学んだこともたくさんあります。しかしそれ以上に、現場で出会った多くの「子どもを師とする」ことで、私は、かけがえのない気づきや学びを得ることができました。支援者として現場の子どもたちに育てられ、そして親として自分の子どもたちに育てられたおかげで、今の私があります。

　思えば、自分が大学でカウンセリングを学んでいた頃は、「困っているその子（人）をどう変えるか」という考えしかなかった気がします。しかし、支援を実践していくうち、子どもの応援をする大人が、そう、「大人こそがまず変わるべきなのだ」と気づかされました。なぜなら、子どもたちは身の回りの大人の姿をモデルにして育ち、そして大人とのかかわりの中から多くのことを吸収し、変容していくからです。

　今回は主に、園や小学校の比較的早い段階のお子さんをお持ちの保護者の方向けに書かせていただいています。本書で提案しているのは、子どもに身につけさせるスキルではありません。私が子どもから教わった、大人が身につけるとよいちょっとした「応援スキル」をご紹介しています。

　子どもの応援の仕方に正解はありません。本書をとっかかりに、皆さん流のアレンジを加えた我が子とのかかわり、その子に合った応援のあり方を一緒に模索してみませんか。もっとも身近なあなたこそが我が子の一番の専門家だという自負を持って。

星槎大学大学院　教授　阿部利彦

もくじ

1　ほめるスキル

2　しかるスキル

チェックしてみよう！

あなたにはどんな苦手さがありますか？

　あなたには、苦手なことがありますか？　1つもない、という方もなかにはおられるかもしれませんが、以下の項目の中に1つでも「あ、そうそう」と思えるものがあるなら、発達障害のあるお子さんの生きにくさや辛さに、より共感してあげられるかもしれません。

　（注：これは、あなたが発達障害かどうかをみるためのものではありません）

〈発達障害のある子どもたちの苦手さを感じ、知ろう〉

①学習障害（LD）の苦手さは？　——こんな苦手さはありませんか？

☐ 漢字や、英語のスペルを書くのが苦手

☐ 相手の話を聞いて要点をメモするのが苦手

☐ 地図を見るのが苦手

②注意欠如・多動症（ADHD）の苦手さは？ ──こんな苦手さはありませんか？

☐ 待つことが苦手

☐ 飽きっぽい

☐ うっかりミスが多い

③自閉スペクトラム症（ASD）の苦手さは？ ──こんな苦手さはありませんか？

☐ 急な予定変更が苦手

☐ 場の空気を読むのが苦手

☐ 自分のこだわりを優先してしまう

①のいくつかに苦手さを感じる方は、もしかしたら学習障害（LD）のお子さんの気持ちに共感できるかもしれません。

● LD（Learning Disorders）とは

　知的な遅れはないものの、話す、読む、書く、聞く、計算する、推論するなど学習に関連することの習得や使用に困難があります。

● LD の特徴のある子が大人になったら困ること

　例：口頭だけの指示が頭に入りにくい。メモを取りながら指示の内容を理解することが困難。相手に意見や気持ち、用件をうまく説明することが苦手、など。

● LD の特徴のある子を支援するポイント

　＊苦手を克服することを目指すより、まずはできることを確実に応援する

　＊知識を教えるよりも勉強の仕方を教える

　＊ICT（情報伝達技術）の活用の仕方を覚えさせて、できないことを補う

②のいくつかに苦手さを感じる方は、もしかしたら注意欠如・多動症（ADHD）のお子さんの気持ちに共感できるかもしれません。

● ADHD（Attention-Deficit / Hyperactivity Disorders）とは

　注意の集中が難しかったり、落ち着きがなかったり、衝動的な行動がみられたりします。

● ADHD の特徴のある子が大人になったら困ること

　例：仕事に長時間集中できない。指示内容を途中で忘れてしまう。同時に複数の仕事をこなすことが難しい、片づけが苦手、など。

● ADHD の特徴のある子を支援するポイント

　＊環境の刺激量を調整する（外の景色や音を極力遮断する。周囲の気が散る要因を減らす）

　＊１回の課題の量を調整する（集中力が持続できる分量に）

　＊できたことをしっかりほめる（ほかにやらないことがあっても、１つできたことに注目する）

③のいくつかに苦手さを感じる方は、もしかしたら自閉スペクトラム症（ASD）のお子さんの気持ちに共感できるかもしれません。

● ASD（Autism Spectrum Disorders）とは

　他の人の立場になって考えることが難しく、独特のかたさ、こだわり、気持ちの切り替えの苦手さがみられます。

● ASD の特徴のある子が大人になったら困ること

　例：周囲の人への気配りや場の空気を読むことが難しい。特有のこだわりや融通のきかなさから人間関係がスムーズに進まない。急な予定変更についていけない、など。

● ASD の特徴のある子を支援するポイント

　＊視覚的・具体的な手がかりを提示する

　＊見通しを持たせる（始まりと終わりの時間を掲示する。1日の予定表を貼り出し、説明する）

　＊気持ちの切り替えを支援する（静かな場所に移動する。落ち着くアイテムをそばに置くなど）

〔補足〕発達障害のある子どもに全般的にみられる特徴

●自己肯定感が低い傾向がある

　←日頃の生活の中で、成功体験を積み重ねる機会が少ないため。

●（大人から見ると、一見）プライドや自己評価が必要以上に高く見える

　←周囲からの要求水準に応えなくてはという強い思いや、傷つきやすい自己の防衛のため。

●大人の言葉かけの微妙なニュアンスに敏感

　←自信のなさや今までの傷つき体験から、大人からの助言や注意を（大人にはそういう意図がなくても）否定的に受け取ってしまいやすいため。

　子どもたちの特性を知り、その子の気持ちに寄り添っていただければと思います。

　では次に、具体的にどう子どもたちとかかわっていけばよいのか、毎日使えるスキルをご紹介していきます。

① 子どもの気持ちを受けとめてほめる

やったよ！
苦手な漢字テストで60点とれたの！
前は……

たった60点で喜ばないの！
もっと勉強しなさい

　たとえば子どもが苦手な科目のテストの点を報告してきたときのことを考えてみましょう。こんな風に答えていませんか？

「漢字はいいとしても、算数がね……」

「でもこのテストは100点とれて当たり前だからな」

「次はもうちょっとましな点数とってよね」

「お母さんの教え方がよかったんだからね。感謝しなさい」

「……（無視)」

こんな声かけでは、子どもの自己肯定感を下げてしまいます。

●子どもをほめるときの声かけ

・何かしているときにはいったん手を止め、なるべく子どもの近くに行き、顔を見ながら話を聴きましょう。

・子どもの話が終わるまで、口を挟まずに聴きます。

・「でも」「だって」「どうせ」などの言葉は控えましょう。

・注意したいことが浮かんできても次の機会にし、その場は気持ちよく終わらせます。

 さらに要求水準を上げる
　➡ 子どもなりの努力を受けとめる

② ささやかに、ていねいにほめる

つい我々大人がよくやってしまうのが、大げさにほめてしまうことです。

「天才〜！！」「こんなすごいの見たことない」「将来はイチロー（偉人、有名人）みたいになれるよ」などとほめられて、屈託なく喜んでくれる幼い時期は短い間です。成長してくるにつれ、複雑な思いを持つようになります。

大げさにほめられすぎると、自分には少しの失敗も許されないとプレッシャーに感じてしまったり、反対に否定的に受け取って「おだてられている」「バカにされている」と受けとめたりします。

たとえ、ほめられた直後は本当にうれしく感じたとしても、次に何かうまくいかないことが起きたときに「天才のオレにできないはずがないのに」とか「おかしい。どうして今回はうまくいかないの？」といらだってしまう場合もあります。

「天才！」「すごいね」などのほめ方は、とても漠然としています。具体的な行動に焦点を当てて、ていねいにほめてあげましょう。

あいまいな言葉では伝わりにくい子どもたちなので、その子のどういう行動を望ましいと思ってほめているのかが、はっきり伝わるように心がけましょう。

チェンジ！ オーバーにほめる
➡ どこがよかったのか、ていねいにほめる

③「しっかり」「きっちり」「ちゃんと」はNGワード

「しっかりやれたね」「きっちり仕上がったね」「ちゃんとできたね」などの言葉もいろんな場面で使える便利な言葉なので、日頃つい安易に使ってしまいがちですが、できれば使わないように意識しましょう。

なぜかというと、これらの表現を多用して、この3要素を強調していると、「しっかりできなきゃダメなんだ」とか「きっちりやらないと許されない」といった完全を求める志向が強まってしまうからです。

「きっちり」することで「すっきり」するタイプの子や、高すぎるプライドを持っている子などは、完全にできなかったり、自分が一番でなかったりすると大きなショックを受けることがあります。また、いつも完全でなくてはならないと思うと「失敗しそうだからやめる」「失敗すると嫌だからやらない」と新たな挑戦をしなくなる子もいます。

「しっかりできた」という言葉は、とてもあいまいで漠然とした言葉です。なぜなら「しっかり」の内容が、場面によっても、話し手の価値観によっても異なるからです。「きっちり」「ちゃんと」も同様です。これらは、発達障害のある子どもたちにとっては、相手の意図をとらえることが難しい言葉なのです。

ためしに、この3つの言葉を使わずに子どもと一日接してみてください。ふだんいかにこれらの言葉に頼ってしまっているか、実感されることでしょう。

 チェンジ! 　完璧さを求める　➡「しっかり」「きっちり」「ちゃんと」は避ける

④ 取り組みの「途中」からほめる

　ソウゴくんのお母さんは、ソウゴくんをほめてあげる機会を作ろうと「ベランダの掃除、お願いね」とお手伝いを頼みました。お母さんは、彼が掃除を終えたらいっぱいほめてあげようと、ごほうびのおやつを用意して楽しみに待っていました。

　ところが、ソウゴくんは掃除を途中で投げ出してベランダで遊んでいるではありませんか。お母さんは思わず、ソウゴくんを思い切りしかりつけてしまいました。

　ほめてあげたくてお手伝いをさせたのに。ソウゴくんも喜んでやっていたのに……。しかる結果になっては、情けなくなってしまいますよね。

　実は、ソウゴくんはお母さんにほめられようと一生懸命に掃除していたのですが、そこへたまたまトンボが飛んできて、つい捕まえたくなり、途中で投げ出す結果になってしまったのです。

ソウゴくんからすれば、「役に立とうと自分なりにがんばっていたのに、結局怒られるなんて。掃除なんかやって損した、どうせ自分には何もできないんだ」とがっかりしたかもしれません。

　これではお互いの気持ちが報われません。だからといって、気を取り直したお母さんが、すでに投げ出して遊んでいる状態のソウゴくんに、「ちょっと前までは掃除をよくやってて、えらかったね」などと言うのも、タイミングが悪いものです。

　ADHDといわれる子の中には、「注意の転導性が高い」といわれる子がいます。「転導性」というのは、集中力を持続させることが難しいために、別の刺激に注意関心が移りやすい性質のことをいいます。

　そういうタイプの子どもにとっては、一定時間をかけて1つの課題をやり遂げることというのは私たちが思うよりもずっと困難なことなのです。ですから、子どもが課題を最後までやり遂げてからほめてあげようとすると、ほめるチャンスが減ってしまいます。

　ソウゴくんを1回でも多くほめてあげるためには、掃除がまだ終わっていない途中の段階で「ここまでよくできてるね」「だんだんきれいになってきて、うれしいな」などの声かけをしてあげましょう。「終わったら言いに来てね」などと放ったらかしにしてしまうのはよくありません。

　集中力が続かない子も、途中で声かけされることで、「自分のがんばりを見てくれているんだ」「もう少しがんばってみよう」と思えるのです。

　こうすれば、たとえ掃除を投げ出してしまうことになったとしても、途中まで努力したことは評価してあげていますから、ソウゴくんに「掃除をやろうとしたことは無

駄だった」とがっかりさせずにすみます。

　こまめな大人の声かけが、子どもの集中力をあと5分、あと10分とのばしていきます。

 チェンジ!　　最後にほめる ➡ **途中でもほめる**

⑤ 「ほめる」と「しかる」をセットにしない

その字
上手に書けてるけど、
書き順が
メチャクチャだよ

　ほめられることをしていても、今度は他のよくないことが目について、こんな風に言ってしまうことがあります。これが「ほめる」と「しかる」をセットにしてしまった状態です。これをやってしまうと、ほめた効果が帳消しになるばかりでなく、子どもには「しかられた効果」だけが残ります。

　がんばってほめようとした大人側の働きかけも効果が上がりませんし、子どもの方も達成感が得られなくなってしまいます。

　せっかくほめることができる場面なのですから、ここは指摘したい点をググッと抑えて、まずはほめるだけに留めます。別の弱点のことで注意するのは、次の機会まで待ちましょう。

 ほめた後、注意する ➡ **ほめきる**

⑥「できて当たり前」という考えから抜け出す

　大人は、他の子にできることが自分の子にはできなかったときには、とても気になるものです。「なんでできないの！」と、ついイライラしてしまいます。

　でも、勝手なもので、他の子にできることが自分の子にもできたときには、たいして気にもせず「そんなのできて当たり前」と思ってしまうものです。

　「見えない障害」と言われる通り、発達障害のある子の困難さは一見しただけではわかりません。一緒に過ごしている大人も、みんなが「ふつうにやっていること」にはつい、「やれて当たり前」という態度で接してしまいがちです。

　困難を持つ子どもがみんなと同じように「ふつうに」ふるまうには、他の子よりたくさんのがんばりが必要なのだという見方をすることができるようになると、ほめてあげられることがたくさん隠れていることに気づくはずです。

　書けなかった漢字が書けるようになった、音読の読みでつっかえることが減った、など、日常の中の子どもの小さな成長に注目してみましょう。

 チェンジ！
できないところを見る
➡ **できているところを見る**

⑦「間接強化」の技を使う

家庭でお父さんの出番というのはどんなときでしょう？ たとえば、お母さんがしかっても子どもの態度が変わらないので、「今晩お父さんが帰ってきたら、もっとしかってもらうからね！」という展開になったときかもしれませんね。

しかし、「強い指導」のときだけではなく、ほめの技を使うときにも、ぜひお父さんに一役買っていただきたいのです。「ふだんは子どもとかかわってくれないくせに」「かっこいいときだけ出てきて」と、お思いのお母さんもおられるかもしれませんが、役回りはちょっと違います。お父さんには、「お母さんが子どもをほめたこと」を増幅させて子どもに届ける第三者として登場してもらいます。

ハヤト、
この前お母さんが喜んでたぞ。
最近、国語の勉強
がんばってるんだって？

このようなほめ方を「間接強化」と呼びます。この方法だと、「お母さんとお父さん両方にほめられた」気がするので、２倍のほめ効果が期待できるのです。

ときどきお父さんに、このほめ方を使ってもらいましょう。そのとき、「あのときのお母さん、ほんとにうれしそうだったよ。ありがとな」や「お父さんもうれしくなっちゃったよ」など、お父さんからの「心からの言葉」も添えてあげたなら、子どもはもっとうれしくなることでしょう。

　ときにはお母さんと役割をチェンジするのもよいですし、また、この技はおじいちゃん・おばあちゃんなど、周囲の大人にも使ってもらえます。

　子どもが幼いときは、直接ほめられる方が伝わりやすいのですが、子どもがだんだん成長してきたら、このようにワンクッション置く方法がおすすめです。

　人づてに耳にする自分へのほめ言葉は、「相手が本当にそう思ってくれているから言ってくれたんだ」と感じられ、よけいにうれしいものです。ですから、このやり方を子どものマイナス要素を指摘する際に使ってはいけないことは、言うまでもありません。それから、このほめ方はひんぱんに使うと効果が薄れてしまうので、ここぞというときだけ使うようにしましょう。

　できれば、作為的ではなく、日頃大人たちが子どもの「いいところ」を共有することで、自然といろいろな大人から間接強化による「ほめ」を得られるようになることが一番理想です。

チェンジ! 　**直接ほめる ➡ 間接的な「ほめ」も取り入れる**

2　しかるスキル

① 子どもに響くしかり方を工夫する

「障がいのある子をしかるのはかわいそう」という方がいらっしゃいます。かわいそうだからと問題行動をそのままにしていたり、他の子にはさせるのに、その子にはお手伝いや片づけを免除したりする指導も時折見かけます。

しかし、たとえ発達障害のある子であっても、大人にしかられる経験は必要だと考えます。残念ながら今の社会では、通常学級に在籍するタイプの「発達が気になる子」が成人し社会に出たとき、特別扱いや適切な配慮はなかなか得られません。その子が将来社会に参加し、独り立ちできるように、「鬼手仏心」の心構えで上手にしかる大人が傍にいてあげるべきだと思います。

ですから私たちは、その子をしかるとき、今コントロールするためにではなく、将来を見据え、その子に響くしかり方でしかってあげなくてはなりません。

ときに私たち大人は、しかると称して感情のままにどなったり、言うことを聞かせるために怒ったり、プライドを傷つける言葉を平気で投げかけたりしてしまうことがあります。そういうしかり方をなるべく減らし、その子にポジティブな行動変容を促す、本当に響くしかり方をするためには、その子の発達特性に合わせた言葉かけの方法やノンバーバルな要素（表情や声のトーンなど）を工夫することが大切です。

② ポイントを決めて、短くしかる

子どもをしかるとき、長いお説教は逆効果です。

「集中して長い話を聞いていられない」特性のある子どもにとってはとくにです。最初はよくても「途中で何を怒られていたのかわからなくなってしまう」ため、しかる効果が得られませんし、集中が途切れれば、さらにしかられることにもなります。

大人が自分のイライラをそのまま子どもにぶつけて、自分はすっきりしたとしても、子どもの方は行動を修正する機会を失ってしまいます。

また、よくあるのが、お説教をしているうちに、だんだん以前のことがよみがえってきて、「そういえば、この前も注意しただろう」とか「先週はこんなことも……」という具合に問題が広がっていく展開です。これもやはり、何についてしかられているのかの焦点がぼやけてしまいますし、大人の方も、何をしかっていたんだっけ？となってしまいがちです。お説教したい気持ちはグッと抑えて、過去のことは持ち出さず、なるべく短時間で終わらせましょう。

今しかっていることについて、「何をしたことがいけなかったのか」「なぜそれがよくないことなのか」「次からはどう行動したらよいのか」のポイントを、皮肉などを使わず、わかりやすい言葉で簡潔に伝えられるよう心がけましょう。

 チェンジ！ 長時間お説教する ➡ 端的に伝える

③ 質問形式の言葉を使わない

　私たちは、子どもをしかるとき、こうした質問形式の言い方をすることがあります。自分たちもこのような言葉で叱責されてきた経験があり、こういう問いかけには相手をとがめる意味合いがあると知っているからです。しかし、この質問を文字通りに受け取るとすれば、上記のような子どもの反応も間違っているとは言いきれません。

　しかしこのような反応は、大人からは「反省がない」「口ごたえだ」とみなされ、さらにしかられる結果を招いてしまいます。

　とくにASDの特徴のある子の中には、相手の気持ちや意図を読み取ったり、相手の気持ちに配慮したりすることが苦手な子がいます。相手の気持ちを逆なでするつもりはなく、質問に対して思ったことをそのまま答えてしまうことがあるのです。

　「自分は怒られている」「質問ではなく、しかっている内容だ」「ここでこう言ったら、

相手はよけい怒るだろう」ということがわからずに答えてしまったり、その場にふさわしくないことを平気で言ってしまったりします。通常は、何度か怒られるうちに大人を怒らせない受け答えが次第に身につくものですが、ASDの特徴のある子にはそういう学習が難しいため、何度も同じようなことでしかられてしまいます。

　子どもを怒ってしまう回数を減らすためには、次のことに気をつけましょう。

①質問形式の言葉かけは極力控えます。

②なるべく具体的に、してほしい行動を冷静に指示するようにします。

③「どうして○○しないの？」「何で△△するの？」ではなく、「○○できるかな」

　「今度からは□□する（望ましい行動の提示）ようにしてね」という言い方にします。

しかるときの言葉かけをこういう形式に変えると、子どもから理屈や言い訳、または予想もつかない「不思議な受け答え」が返ってくることが少なくなるため、大人がさらに感情的にしかってしまう場面を回避することができます。そして、子どもの側も、なぜしかられているのか、どう行動を変えればいいのかがわかりやすく、納得することができます。

 チェンジ！　質問形式でしかる ➡ 肯定文で伝える

④「裏を読ませる」言い方を減らす

このような言い回しも、頭にきた大人がつい口にしてしまいがちです。

「やらなくていいから」という言葉の裏には「やりなさい」という強制が、「好きにすれば」には「従いなさい」という要求が、「勝手にしなさい」には「勝手なことをするな」という禁止が隠れているわけです。

こういうややこしい言い回しをあまり多用すると、このようなことも起こります。

シエリちゃんは、しかられるときにはよく「好きにすればいいでしょ」「勝手にしなさい」などと言われていました。

夏休み、お友だちの家族と一緒の旅行で、その日のスケジュールを相談していたとき、お友だちのお父さんから「シエリちゃんの好きにしていいから」と言われました。そのとたんに、シエリちゃんはポロポロ泣き出してしまいました。

お友だちのお父さんは、本当に文字通りの意味で言ってくれたのですが、シエリちゃんは「しかられた」と受けとめてしまったのでした。

　あるときは言葉通りに受け取り、またあるときは裏の意味を読む、それをシチュエーションによって使い分けることは、発達障害がある子にとっては難しすぎて、しかられたことについて考えるどころではなくなってしまいます。

　ですから、なるべく家庭では「こうしたらいいんじゃない」「～してみよう」というストレートな言葉かけを使うのが望ましいでしょう。

　表の意味か裏の意味か、子どもにとって判断しかねる状況で葛藤状態になってしまうと、困惑して泣いたり、パニックを起こしたりしてしまうことがあります。

　たとえば、それまで楽しそうに絵を描いていた子どもが、不意にその絵を自分で破ってしまい、お母さんが「どうしてこんなことをするの!?」と言ったとします。

　その場合、お母さんは絵を破ったことをとがめているのか、それとも、楽しく描いていた絵を破りたくなったその理由を尋ねたいのか、シチュエーションだけでは大人でも判断がつきかねるでしょう。どちらなのかはその場でのお母さんの表情や声色、動作などから判断しなくてはなりません。

　そんな状況で、泣いたり怒ったりしてうまく答えられなくなった子に対しては、忘れてしまわない程度に少し時間を置いて、落ち着いてから「今、お母さんは怒っているんじゃなくてね。知りたいから質問するんだけど、さっきはどうして絵を破ったの?」とあらためてこちらの意図がはっきり伝わる言葉をかけましょう。

お母さんは
怒ってるんじゃなくてね。
知りたいから教えて。
さっきはどうして
絵を破いちゃったの？

　とはいえ、「裏を読ませること」をしないよう家庭で極力気をつけたとしても、外の世界の大人にはそれを使っている人が大勢いるということは知っておかなくてはなりません。ですから、「（我が家ではなるべく使わないようにしているけれど、）世間にはこういう言い回しがあるんだよ」、ということも子どもに教える必要があります。様々な大人とかかわる中で、状況に応じて言葉の真意がくめるようになるに越したことはありませんが、できれば明確に説明してあげる機会を持ちましょう。

チェンジ！

裏を読ませる言い方をする
➡ ストレートな言い方をする

⑤ あいまいな表現は避ける

　ほめのスキルの章で、「しっかり」「きっちり」「ちゃんと」という言葉をなるべく使わない方がいいことをお伝えしましたが、この３つは、しかる際にもよく使われる言葉です。よく「きちんと座って」「きっちり片づけて！」「ほら、ちゃんとしなさい！」などと言ってしまいますよね。

　「場の空気」を読むのが苦手な子、その人の立場で物事をとらえるのが難しい子、「どうふるまう」ことが「ちゃんと」することなのかが思いつかない子に、このような抽象的な言葉かけをすると途方に暮れさせてしまうことになります。

　また、成人になった発達障害の方にお話を聞くと、「いい加減にしなさい」「早くしなさい」の言葉にも困惑すると言います。「何を、どのようにしたらいいのか」「どれくらい急げばいいのか」がわかりにくいからです。

　「がんばりなさい」という言葉もそうです。がんばるのはよいのですが、「どこまでがんばればいいのか」の尺度が、人によってまちまちで困ってしまうのだ、とのことでした。

　「何を」「どのように」「どこまで」すればよいのかをなるべく具体的に示してあげる方が子どもにこちらの意図が伝わります。

●子どもにわかりやすい声かけの例

- ゲームソフトはケースに入れて、ゲーム機は真ん中の引き出しに片づけてね

- 30分後の○時○分に出かけるから、間に合うように支度しよう

- 漢字ドリル、枠からはみ出さないであと5問がんばってみようか

チェンジ！	あいまいな言い方でしかる ➡ **とるべき行動を明確に示す**

⑥「罰によるコントロール」に依存しない

　大人が子どもをしかる際、大声でどなったり、迫力のある態度で威圧したり、子どもの大切な物を取り上げたり、ときに叩いたりして、いわば力ずくで言うことを聞かせることがあります。何度しかっても子どもの問題行動がおさまらなかったりする場合に、このようなことが起こります。たとえばお母さんで言うことを聞かない場合には、お父さんが出てきてすごみをきかせてしかるようになったりするのです。

　このような形でしかられ続けていると、「しかられるのが怖いから」あるいは「叩かれると痛いから」などの理由で、子どもはその問題行動をしなくなります。しかし、「怖い大人」がその場にいない場合、あるいはしかられることに慣れてその大人を怖いと感じなくなってきた場合には、その子はおそらく再び問題行動をするようになるでしょう。

みんながそろうまで
待てって
いってるだろ！

「どなる」「威圧する」「おどす」などの、力によるしかり方や指導は、「罰によるコントロール」と言われます。

これには、だんだん慣れてきかなくなってしまうという側面があるため、さらに強い叱責、より怖い大人、強いおどしをもってしないと、問題行動が止められなくなります。

それに、問題行動がいったん止んでも、代わりにどうするのが望ましい行動なのかがわからなければ、いずれ問題行動は再発します。

また、これが続くと、子どもは自己肯定感を傷つけられたり、大人に反感を持ったり、罰を与える人がいない場面で問題行動を起こすようになったりする、という弊害もあるのです。

育つ過程で強い指導をする大人ばかりに出会ってしまうと、「怖い人の前では取りつくろう」「人の顔色をうかがう」「怒られないためだけに行動する」といった、萎縮した態度や、裏表のある行動を形成してしまうおそれがあります。

将来社会に出たときにも問題行動をとらずにいられるようにするには、力だけに頼らないしかり方を工夫せねばなりません。しかられた意味がその子に真にしみこんでいれば、たとえ強くしかる人がいない場面でも、問題行動をとらずにいられるのです。

罰を与えがちな人は、子どものできていないところや、課題ばかりについ目が行きがちです。そして「その行動をやめさせよう」とします。

ここで大事なのは、「やめさせる」のではなく「適切な行動に置き換える」ことです。

たとえば、食事のときに家族がそろうまで待てずに先に食べてしまう子がいるとします。このとき、勝手に食べてしまうことをやめるよう注意し、じっとがまんして待つように教えがちですが、そのかわりに配膳を手伝ってもらえば、がまんして待つ時間を減らすことができます。

　しかも、お手伝いをほめる機会にもなります。「一緒に準備してくれたから早く食べられるね」と伝えることで、しかる場面を減らし、認める声かけをすることができます。

 チェンジ！

よくない行動をやめさせる
➡ 適切な行動に「置き換える」

⑦ しかり方のムラをなくす

たとえばごはんを残したとき、怒る祖父・母、行動を大目にみる父・祖母で言っていることが違うと、子どもはその行動がよくないことなのか、そうでもないのか戸惑ってしまいます。

　子どもの問題行動をしかるときは、ふだんから子どもの行動について家族間で話題にして、「どういう行為をいけないこととみなすのか」「どういうときに、どの程度しかるのか」についての家庭の基準を統一しておきましょう。

　子どもがしかられる行為をしても、あるときにはしかり、あるときには大目にみるというようなこともあります。虫の居所が悪いときには怒り、機嫌のいいときには怒らない、あるいは、「家庭内では厳しくしかるけれども、人目があるところではしからない」といったムラのあるしかり方では、「なんで今日はしかられるんだろう？」と疑

問を持ちます。

　このようなムラのあるしかり方は、基準が不明確すぎて、理由を察することや、空気を読んだりすることが苦手な子どもたちをよけいに混乱させてしまいます。

　外出先などで、一律のしかり方を行うのはむずかしいと思いますが、なるべく「一貫性」を示すと、しかる効果が高まります。

 しかる基準が家族でまちまち
➡ しかり方に一貫性を持たせる

① 禁止は否定文でなく肯定文で

廊下は走らないで

廊下はゆっくり
歩こうね

「○○してはダメ」「△△してはいけません」という否定形で話すと、「ダメ」「いけません」に反応して、それだけで子どもは拒否的な態度を示すことがあります。

また、否定形では、「どう行動すべきか」が示されないため、行動を否定するだけでは問題行動は消せないのです。私たち大人は、どうふるまうべきかを当たり前にわかっています。一方、子どもたちの中には、「かわりにどういう行動をとればしかられないか」について、思いつけない子、考えてみたこともない子というのが実際にいるのです。

ですから、禁止を伝えるより望ましいのは「〜しよう」という肯定形の文章です。

日常の声かけだけでなく、約束事や行動の目標を決めるときにも、肯定形を使うことを心がけるとよいでしょう。発達障害がある子どもたちは否定的な言葉を日常的にたくさん浴びていることが多いので、否定語を聞いただけで大人への反抗心にスイッチが入ってしまい、大人の言葉を聞き入れてくれなくなる子もいるからです。

否定形の言葉かけに反抗するタイプの子は、大人が使う「〜しなさい」というフレーズにも敏感に反応します。話を聞いてみると、そういう子はたいてい「勝ち負け」にこだわる子です。「〜しなさい」と言われると、大人に服従させられるような「悔しさ」や、ある種の「敗北感」を感じ、従いたくなくなるのだそうです。

そんな「させられ感」「敗北感」に敏感な子を刺激しないで話を聞いてもらうには、「〜しよう」という肯定文で声かけしましょう。加えて「○○する方が早く終わるよ」「△△すると危なくないよ」など、その子が損をしないために気遣う言葉を添えると、すんなり指示を聞いてくれることがあります。行動を修正すると自分自身にメリットがあることを、大人が言葉で気づかせてあげるのです。

肯定文で子どもと向き合い、お互いに気持ちのよいコミュニケーションを心がけることで、「子どもの素直な心」を引き出し、働きかけましょう。

チェンジ! 否定文で禁止する
➡「どうしたらよいか」も教える

② おどさないで励ます

　「〇〇しないと、△△しないよ」という言い方は、一種の「おどし」です。このやり方は、言うことを聞かせるという点では最初は効果的ですが、だんだんきかなくなります。

　また、「遠足に行けない」という言葉に大きなダメージを受けてしまい、条件をクリアして「早く寝れば遠足に行ける」ということにまで考えが行き着かず、パニックを引き起こし、よけいに興奮させてしまうおそれもあります。

　さらには、大人の側はおどしの材料として条件を出しているだけですから、子どもも経験を積み重ねるうちに、実際には大人はそうするつもりがないこともわかってしまいます。「片づけしなかったら、もう絶対ゲームソフト買ってやらないから」なんて言っていても、結局は買ってくれることがわかってくれば、どうせ口だけだといった

態度で高をくくられることになります。

　この言い方は、ダメと言われるとやってみたくなる ADHD の特徴のある子の反抗心をあおる、逆効果を引き出してしまう言い方でもあります。

　「○○しないと、よくないことがあるぞ」と言うのではなく、「○○すると、△△のよいことがあるよ」と、その子にとってどういうメリットがあるかを知らせる方が、子どもも納得して行動してくれます。

 否定語やおどしで従わせる ➡ 肯定文で励ます

③ マイルドな言い方も取り入れる

●マイルドな言い方に変えるスキル

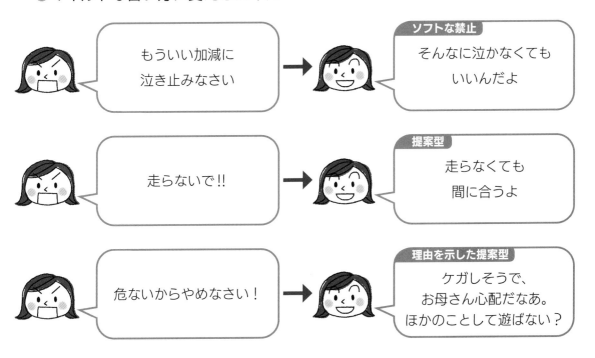

禁止や注意をするときにも、さまざまな声かけの種類があります。

イラストの上から、「ソフトな禁止」、「提案型」、「理由を示した提案型」のスキルをあげました。このように言い換えると、頭ごなしの禁止や命令を受けた感じがなく、服従させられる感じが弱まります。選択権が子どもに委ねられ、子どもの意思を尊重し承諾してくれたような形になります。

それに、マイルドな言葉かけをすれば、大人の側もカリカリした気持ちになること

を防ぐことができます。

　また、「〇〇しなさい」ではなく「君には△△できるかな？」「□□してみよっか？」
と問いかけたり誘ったりする形だと、とくにノリのいいＡＤＨＤの特徴のある子など
は、「もちろんできるさ！」「やろうやろう」という感じですんなり行動してくれるこ
ともあります。

注意や禁止に強い言葉を使う ➡ 提案してみる

④ ときにはお願いしてみる

　しかったり注意したりすることを回避するやり方もあります。禁止・命令・注意の言葉かけの目的は、子どもを大人に従わせるためのものではなく、より適切な行動へと促すことなのです。ですから、あえて「お願い」してみる作戦もバリエーションとして取り入れてみましょう。

　たとえば、公園で遊んでいて夕方の5時になったとき。もう子どもたちが帰る時間だし、お母さんも晩ごはんの支度がある、でも子どもはまだ遊びたいと言って聞かない状況だとします。

　そんなときに「もう帰るって言ったでしょ。あと10数えたら帰ります！」と大きな声で言い聞かせるやり方もありますが、その子の顔の位置まで頭を下げて、穏やかな口調でゆっくり話しかけてみる方法を使ってみてください。

母「まだ遊んでいたい気持ちはよくわかるよ。お母さんもできればつきあってあげたいんだけどね。今日はお父さんも疲れて帰ってくるから、お母さんね、お父さんの好きなシチューを作ってあげたいんだよね。きみも好きでしょ？　シチューって時間がかかるじゃない。だからこのへんで一緒に帰ってもらうと、お母さん本当に助かるんだけどな。どうかなあ」

子「……わかった。帰る」

母「うわあ、帰ってくれるの？　ありがとう。お母さん助かるわ」

もし子どもがお願いを承諾してくれたら、必ずお礼を言うようにします。

大人同士がするように対等に話しかけ、相談を持ちかけるように頼むのがポイント

です。

　子どもは「気持ちはわかる」と認めてもらい、頼られるように話されたりすると、相手の「お願い」ごとを聞き入れるゆとりが出ます。

　また、力ずくでしぶしぶ言うことに従う選択より、お願いを聞いてあげる立場の方が「させられ感」がなく、プライドが傷つかないので、子どももわりとすんなり「仕方ないなあ」「いいよ」と、受け入れやすいのです。

　そして最後にお礼を言われると、大人にいいことをしてあげたような気がして子どもの自尊心も満たされます。うまくいったら怒鳴らずして円満解決です。

　しかし、「もう、帰るって言ったら帰るの！　早くしなさい！」と声かけしてしまって、「イヤだったらイヤだぁー！（怒）」と子どもにパニックを起こさせてからでは、「お願い作戦」は効果がありません。子どもを刺激する前に使うのがコツです。

さて、このお願い作戦にあたっては留意していただきたいことがあります。

それは、「子どもの下手に出る」、あるいは、「子どものご機嫌をとる」こととは違うという認識で行う、ということです。もちろん、「〇〇買ってあげるから、お願い！」のような頼み方は絶対に NG です。

大人の都合を説明した上で、あくまで交換条件なしで同意、協力を求めることが前提です。対等に交渉する気持ちでお願いするのです。ただ交渉の際には、子どもにわかる言葉で、かみくだいて事情を説明する必要はありますが……。

それから、大人の皆さんの中には、子どもに負けたような気がするのでこのやり方に抵抗を感じる、という方がいらっしゃるかと思います。そういう方は、３伝えるスキルの①をもう一度お読みいただきたいと思います。大人の言葉かけに反抗的になる子の気持ちに寄り添えるところはないでしょうか。

「子どもは大人に従うべき、甘く見られたくない」という気持ちが心のどこかにあるのかもしれません。自分と子どもの関係を、上下関係や勝ち負けでとらえている部分はないか、見つめ直してみてください。

たまには子どもと同じ目線で話し合い、協力を仰ぐことで、子どもに自分が一人の人として尊重されていると感じさせることもできるのです。

 チェンジ！ 問答無用で従わせる
➡「お願い」の形式を使ってみる

⑤ 先手の「ありがとう」

うまくいったらもうけもの、のやりかたとしては「先手のありがとう」という方法があります。

静かにしてくれてるね。
ありがとうね！

アルトくんは映画館に行くと、ハイになって騒ぎ出すこと必至のADHDタイプの子です。そんなアルトくんを静かにさせたいときは、席に座ってまもなく、まだ騒ぎ出さないうちに「静かにしてくれてるね。ありがとうね！」と先手を打つのです。

すると、ほめられた手前、なんとなくしばらくは静かにしていようと努力してくれます。そしてその忍耐が切れるより先回りして、早め早めに「今日はすごいね」「こんなに静かにできるなんて大人だね」「また映画に連れて行ってあげたくなっちゃうなぁ」とちょくちょく耳元でほめ続けると、長い間静かに座っていてくれました。

ときには、声を出さずに頭を優しくなでたり、目を合わせて笑顔でうなずいたりして、ノンバーバルな（言葉を使わない）肯定のサインも交えて送ります。そうすると、ふだんよりも静かにしてくれる時間が長くなります。

　１つのことを成し遂げてからでないとほめてもらえないのでは、発達障害のある子どもたちはなかなかほめてもらうチャンスがありません。とくにＡＤＨＤの特徴のある子は集中力を保つのが困難なので、途中で挫折してしまいます。

　ですから「ほめの先払い」をどんどんしていくことで、途切れそうになった集中をまた持続させる助けにするのです。（ほめるスキル④も参照）

　そして、帰ってからは「今日はアルトくん、すごく静かに映画を観ていられたよね。お父さんうれしかったよ。だからまた連れて行ってあげるからね」などと家族の前でほめて、その行動を強化することを忘れずにしてください。

　ほめられたことが「強化子」になって、次回からもっと静かに映画を観られる可能性が上がります。

 子どもがいい行動をし終えてからほめる
➡ **ほめの先手を打つ**

⑥ ネガティブな暗示よりポジティブな暗示を

まったく、
いつも乱暴なんだから

どうせ
オレは……

　たとえば、乱暴な行動が目立つ子がいるとします。でもその子は一日中、ずーっと
暴れているわけではありません。それなのに、「いつもあなたは乱暴なんだから」など
と言ってしまったりすることがあります。

　これを私は「ネガティブな暗示」と呼んでいます。日々そんな声かけをされている
子は、そのうち「どうせオレなんか乱暴だ」と思うようになります。そして、「そうさ、
オレは乱暴でけっこう」と常に攻撃的な行動をするようになってしまうのです。

　このような子にしないためには、その子が暴れたときにも「どうしたの？　イサム
くんらしくないなあ。本当はやさしい子だって知ってるよ。あなたがこんなに怒るな
んて、何か理由があるんでしょう。話してくれる？」と声をかけるようにします。

　たまにしか落ち着いていなくても、「あなたは本当は優しい」「君は自分をコントロー

ルできる子だ」とポジティブな面への働きかけを積み重ね、「ポジティブな暗示」をかけてあげます。

「おまえは本番に強い子だなあ」とずっと言い続けて、自分もそう信じながら、その子を本当に「本番に強いタイプの子」にしてしまったというお父さんもいます。

その子を信じてポジティブな言葉かけをしていくと、それを吸収して子どもが変わってくれることがあります。大人の日々の言葉かけ1つひとつが積み重なっていくと、子どもの自分に対するイメージはポジティブに変わっていきます。

ネガティブな声かけをする
➡ ポジティブな声かけをする

⑦ 大切に思う気持ちを必ず添える

　子どもに行動変容を促すための言葉かけが効力を発揮するためには、前提となる大事な条件があります。しかったり注意したりしてくれるその大人が、子どもにとってどうでもいい人ではなくて「大切な存在」であるということです。

　大好きな大人や一目置いている大人が自分のためを思って言ってくれているんだ、と伝わると、子どもの行動が変わってきます。ですから、子どもにとって一番大切な存在である保護者は、子どもをしかるにもっともふさわしいと言えるでしょう。

　ですが、子どもも揺らいでしまうことがあります。ふだんはお父さんやお母さんは自分を大切に思ってくれていると信じていても、しかられるような状況になると
「お父さん（お母さん）は、自分のことを嫌いになるかもしれない」
「怒られるようなことをしたぼく（わたし）のことは、大事じゃなくなるかも」
と思ってしまいます。

　うまくできなかった自分自身に対する焦りや失望から、自己肯定感が揺らいでしまい、保護者からの愛情にも不安を抱いてしまうのです。その揺らぎのせいで、大人の言葉がまっすぐ届かなくなり、反抗的な態度や自暴自棄な行動を招いたりもします。

　「ぼく（わたし）が生まれて、お母さん（お父さん）はうれしかった？」などの言葉が口癖のようになっている子や、あるいは自分が生まれた日や幼かったときのエピソードを語ってもらうのを度々せがむ子がいます。何度も同じことを言わされて、しつこいなあと感じたことのある保護者の方もいるかもしれません。これは不安のサインです。わかっていても何度でも聞きたくなるのは、保護者の変わらぬ愛情を確認して安

心したい気持ちの表れだと受けとめてみてください。

　子どもを不安にさせずに、大人の思いを届けるためには、

「そんな子に育てた覚えはない！」

「そんな悪いことをする子は、うちの子じゃない！」

「（兄弟姉妹やよその子などと比較して）あの子なら、そんなことはしないのに」

　といった言葉をうっかり口にしてしまわないように、つまり大人の側も揺らいでしまわないように気をつけましょう。

　自分がいい行いをしているときだけ大人は自分を好きでいてくれると感じると、子どもは無理をしたり大人の前で表面だけを取りつくろうとしたりします。

　子どもに「見捨てられた感」を味わわせないためには、できれば、しかりっぱなしにはしない方がいいでしょう。

＊小さな子ならスキンシップ
　しながらしかるのも ○

捨て台詞で突き放したりしないで、しかった後は一言、温かい言葉をかけてしめくくりましょう。あるいは、そっと肩にさわったり、頭をなでたりしてから去っていくようにして、見捨てていないことを態度で表現します。

　幼児ならしかるときからひざの上にのせたり、低学年なら手を握りながらお説教したりするというのも、不安にさせずにすむやり方です。

　でも、私たち大人も、どうしても頭にきてそんな気になれないときがありますよね。そんなときは、大人が気持ちをクールダウンした後でスキンシップをしてあげてください。大人は、忙しくて疲れているとつい感情的になって怒りをぶつけてしまいますが、もしそうしてしまったとしても、「あなたのことを嫌いになったわけではないよ。大切なんだよ」という心を折にふれ伝えるよう心がけましょう。

　「親の愛なんて黙っていても伝わるはず」という考えもありますが、発達障害のある子の中には、察することが難しい子もいます。また、自信を失いやすい日々を送っているので、日常のかかわりだけでは十分にその子に伝わっていないことがあります。

　その子の不適切な行動は否定してしかる、けれども、その子の存在や価値は否定しない、どんなときも大切な存在なのだ。そのことをくり返しくり返し、伝えていきましょう。

チェンジ！ しかりっぱなしにする
➡ しかった後に、「大切な存在である」と伝える

4　励ますスキル

① その子の心に寄り添って聴く

　クラスの子に「ウザい」「死ね」と言われた、勉強ができないから学校に行きたくない、笑われたからもう体操教室をやめたい…そんなふうに子どもが元気をなくして弱音を吐いているとき、大人はどう接してあげればよいのでしょうか？

　つらい気持ちの真っただ中にいるとき、すぐにかたわらで、気にするな、とか、こうしたらいいよ、もっとがんばれ、などと言われても元気が出ないのは、大人も同じだと思います。

発達障害のある子は、他の子よりうまくいかないことが多い日々を過ごしているので、自己肯定感が低く、落ち込みやすい傾向にあります。そして、気持ちの切り替えが苦手という特徴もあり、暗い気分をすぐには前向きにすることができません。

　また、そんな子どもたちはよく

「どうせ、お母さん（お父さん）には、ぼく（わたし）の気持ちなんかわかんないんだ！」

と、口にすることがあります。

　もし、私たちが人生でその子と同じ苦手さや人間関係でのつらさを経験したことがないのなら、その子の生きにくさを真の意味で理解してあげることは難しいのかもしれません。

　それだけに、そう言われてしまうと大人は大変つらいものです。

　だからこそ、子どもを孤独な気持ちにさせないためにも、なるべく最後まで耳を傾け、時間を割いてその子の気持ちに寄り添う姿勢を示しましょう。

　その際、「話がひとりよがりだな」とか、「こうすればよかったのに」とそこで思ったとしても、あえて口は挟まないようにします。

　子どものやったことを評価したり、解決策を提示したりするのは、話が終わった後か、もしくは別のタイミングにします。

　まず先に子どもの話を聴くようにすると、後で大人の意見も素直に聞き入れてくれやすくなります。

この後、
コンビニに
行こうか

　ただし、子どもがあまりにしつこく愚痴を言って、大人もつきあいきれないような
ときには、散歩に出る、買い物に行く、体を動かす、など、その子の気分転換になる
ようなことをさせてあげましょう。

　自分の気持ちをわかってくれる大人の存在が子どもを支えます。

 チェンジ!　**あれこれ励ます ➡ まず気持ちを受けとめ、聴く**

② まずプロセスを楽しませる

そもそも長い人生、失敗せずに生きることはとうてい無理な話です。ましてや子どもであれば失敗して当然ですし、その失敗からさまざまなことを学び、成長していくことができるわけです。

さて、そこで大人の皆さんに振り返っていただきたいのですが、あなたは子どもに「結果よりもプロセスを楽しませる」ことをしてあげていますか？

「できたか・できなかったか」が尺度になって、成功した結果だけに重きをおいてしまってはいないでしょうか？ 取り組みの過程を楽しませること、取り組んだこと自体や努力したその中身に価値を見い出すことをしてあげているでしょうか？

大人は、子どもが失敗しそうな場面では、心穏やかではいられないものです。私も実は、自分の子どもが小さい頃、参観日に我が子が失敗しそうな場面を目の当たりにし、「ハラハラ」「イライラ」して見ていられずその場を離れてしまい、後で未熟だったなあと反省したことがあります。

ミソラちゃんのお母さんは、たまにはミソラちゃんに「自分にもできた」という体験をさせてあげようと、おやつのホットケーキを自分で作らせることにしました。

でも、卵がうまく割れず大きな殻が入ったり、牛乳をこぼしたり、計量にとても時間がかかったりして、なかなか焼くところまでたどりつきません。

小言を言いつつも我慢していたお母さんでしたが、夕飯の時間も近づきついに耐えかねて「もう、なんでこんなにとろいの？ 後はお母さんがやるから貸しなさい！」とボウルを取り上げてしまいました。ミソラちゃんは、くやしくて泣き始めました。

　発達障害のある子は、失敗を極端に嫌がる傾向があります。失敗を避けるため「やらない」、失敗しそうになると「途中でやめる」、失敗すると「パニックになる」などの子がいます。

　「失敗はよくない」「失敗は恥ずかしい」「失敗するくらいならやらないほうがいい」という大人側の価値観が子どもに伝わると、失敗をよけいにこわがるようになります。子どもの失敗恐怖を強化しているのは、実は大人の方の「子どもの失敗に耐えられない未熟さ（あるいは余裕のなさ）」だと言ってもいいかもしれません。

　子どもの失敗に感情的になる大人の姿を見せてしまっては、「失敗しても大丈夫だよ」「やってみてごらん」などの声かけがその子に響きません。子どもはますますチャレンジを恐れるようになることでしょう。

①チャレンジしたことだけでも評価してあげる。

②結果が失敗に終わってもそこに至るまでの努力をほめる。

③その子ができるまで「待つ」ことをいとわない。

　そういう大人の姿勢から自然に「失敗しても大丈夫」「またやってみればいいよ」というメッセージが子どもに伝わるのです。

 チェンジ！　結果をほめる ➡ **取り組みの過程をほめる**

③ うまくできたことから学ぶ
——ポジティブセルフレビュー

　発達障害がある子の多くは「失敗から学ぶ」ことが苦手です。そして「うまくいかなかった」という思いだけが残り、「どこを直せばいいか」「どう変えればいいのか」といったことには気づきにくいのです。それは、場面・状況を把握することや、多くの情報の中からポイントを読み取ることなどの苦手さがあるからです。

　ですから、単に失敗を何度も経験しただけでは「失敗に学んだ体験」を作り出すことができません。

　私たちはよく、うまくいかないことがあったとき「何がいけなかったのか」とか「次に失敗しないためにどうすべきか」という視点で反省して、プロセスを整理します。しかし、「なぜあのときにはうまくいったのか?」という発想をすることは少なく、そうした視点で振り返ることをあまりしません。

　しかし、発達障害のある子どもに対しては、失敗の原因を探るよりも、なぜうまくいったのかという視点で一緒に考え、「あのときにはこうやったからうまくいったんだよね」と、そのときの感じを思い起こさせてあげるようなポジティブなアプローチの方が、効果的です。

　うまくいった場面、あるいはすんなりいった場面を「当たり前」とみなさず、ていねいに「成功の秘訣」をひもとくことがサポートに欠かせないのです。

　特別支援教育の現場では、写真や動画などに記録しておいた指導場面の中から、「うまくいったもの」に着目し、本人とそれを一緒に見ながら振り返るという「ポジティ

ブセルフレビュー」と呼ばれる指導が効果的と言われています。

　たとえば、漢字ノートのうまく書けているページをコピーして机に貼ってあげたり、調子がよく集中できているときのサッカー教室でのビデオを見せて「見てごらん。君はこんなに上手にできているよ」と視覚的に取り込んであげたりすることで、ネガティブな思い込みを軽減させ、次につなげることができます。

 チェンジ! 　**失敗から学ぶ ➡ 成功体験を振り返る**

---

④「立ち直り力（レジリエンス）」を育む

　近年、"レジリエンス（立ち直り力）"という言葉が注目されています。「困難に負けない力」「困難をはね返す心の弾力性」などと説明される、心の回復力のことです。

　日々困難と向き合わねばならない子どもたちにとっては、レジリエンスを高めてあげることがとても重要だと思います。つらいときや失敗したときに、立ち直れる子とそうでない子の違いはいったい何なのでしょうか？

　「悲しみの数だけ、失敗の数だけ強くなれる」などとよく言われます。でも実はそうではないようで、ただ困難や失敗を数多く経験しただけでは、強くはなれない＝レジリエンスは高くならないのです。

　それでは、どういう子のレジリエンスが高いのかというと、自尊心の高い子、自分を価値ある存在として肯定している子なのです。

　だからこそ、その子の自尊心を高める働きかけ、毎日ほめる、励ます、愛情を伝えてあげるということが大切なのだと思います。自分はダメな人間なんだ、価値のない存在だ、などと思わず、「自分はかけがえのない存在なのだ」と思えるようになることが、その子の立ち直る力を強くするのです。

　また、周囲にいる支援者の存在をその子がはっきり認識している場合、その子のレジリエンスは高く、そうでない場合は低くなる、ともいわれています。

　発達障害のある子は、家族は自分の味方であるとわかっても、園や学校の先生、クラスメイトについては、どの人が自分をサポートしてくれる味方なのか、意外にわかっていないことがあります。たとえば、その子をわざと失敗させてからかうようなクラ

スメイトの悪意に気づかず、友だちだと思っていたりするケースもあります。自分に好意的に接してくれている人、信用できる人、そうでない人といった人間関係の把握に苦手さがあるためにそのようなことが起こります。

そこで、私たちにできることは、その子の周りのサポーターに焦点を当てて、「君は一人ぼっちじゃない、温かく見守ってくれる人たちがこんなにいるんだよ」と、誰が味方になってくれるのかを明確化して、教えてあげることです。

保護者の皆さんは、子どもの周囲の人たちとも力を合わせて子どもを応援できるといいですね。自分は多くの人に支えられているんだとその子が実感できたとき、その子のレジリエンスは高まり、困難の中でも立ち上がろうとする力を呼び起こすのです。

さらに私は、子どもたちが「自分の強み・いいところを知っているか」ということもレジリエンスを高めると考えています。

　「これだけは負けない」というものがあれば、ときにうまくいかないことがあったとしても「まあ、ぼく（わたし）にはあれができるからいいか」と思えるでしょう。
ところが「何をやってもだめ」「どうせ取り柄がない」と思っていると、小さなつまずきでさえ「やっぱり全然だめだ」「何一つできない」と全否定しやすくなります。

　一つの強みに頼りすぎてしまうと、もしそれがうまくいかなかったとき、絶望感はより大きくなってしまいますから、その子の「いいところ」をたくさん見つけてあげて、本人に気づいてもらえるように働きかけることも大切だと思います。

 チェンジ!　**失敗しない子にする ➡ 失敗から立ち直れる**
回復力（レジリエンス）を育てる

⑤ 子どもの「励ましパワーワード」を見つける

これまで述べてきたように、大人など他者からの励ましはとても有効ではありますが、自分で自分を励ましたり、落ち着かせたりするスキルを使う方が望ましい場合もあります。

失敗や友だちとのトラブル、負けなどですでに興奮状態にあるとき、他者からの励まし言葉や働きかけ（たとえそれが適切と思われるものであっても）がかえって逆効果となって、さらに興奮してしまうタイプの子もいるからです。

そんなタイプの子には、刺激せずにしばらくそっとしておき、時間の経過とともに落ち着いてからかかわる方がよいのですが、そういう子でも、自分で自分に「大丈夫、できる」とか「うまくいく、うまくいく」などと唱えて気持ちを安定させる方法を使うと、なんとか乗り越えられる場合があります。

● 子どもたちの身近なパワーワードの例

「0パーセントではないんだな。よし、やるだけやってみようぜ」

（かいけつゾロリ）

「戦わない勇気というのもあるのだ」　　　　　　　　（忍たま乱太郎）

「失敗したって何かは残る。無駄なものなんて何もないさ」

（ポケットモンスター）

このように、子どもたちが自分なりに自分を励ます言葉を、私はゲームでよくある「パワーカード」ならぬ、「パワーワード」と名づけました。このパワーワードには、子どもたちの大好きなヒーロー・ヒロインやスポーツ選手、ときには歴史上の人物などの言葉を使います。もちろん、自分で考えついたお気に入りのフレーズを使ってもOKです。ただし、大人が見つけてきた言葉を一方的に押し付けたりはしないようにしてください。

　他者から励まされるとかえって興奮してしまうトオマくんに「『うまくいかないなあ』『くやしいなあ』と思ったとき、どんな言葉をくり返すと気持ちが落ち着く?」と聞いてみました。すると、大好きなアニメの主人公の「99%負けとわかっていても、オレはあきらめん!　1%にかける!」「次のチャンスがオレには見える!」という言葉を教えてくれました。

　そこで、トオマくんに、ピンチのときには意識的にその言葉を唱えてみるよう提案してみました。すると、少しずつ自己コントロールできるようになってきたのです。

　「自分で自分を励ますスキル」が身につけば、他者からの励ましができないような困難な状況でも切り抜けるきっかけをつかめるのではないでしょうか。

 チェンジ! 他者が励ます ➡ 自分自身でも励ます

⑥ 静かな励まし

「励まし」は何も言葉だけではありません。

すぐに口や手を出さず、その子を信じて黙って「待つ」こともときには必要でしょう。これは援助をまったくしないこととは違います。

子どもには「とにかく自分だけでやらせて」「ほうっておいてほしい」というときが必ずあります。私たちもそうですよね。

そんなときの「そばについてるからね」「一人でできるかな」などの声かけは、「本当はぼくにはできないと思ってるな」「私は自分一人でやってみたいのに」といった、「信用されていない」感覚を与えます。これは「励まし」とは真逆の効果を生んでしまいます。

失敗するかもしれなくても、その子のチャレンジを黙って見守る「沈黙の励まし」では、大人側の忍耐、ねばり強さが試されています。

 チェンジ！　励まし続ける ➡ ときには「黙って待つ」

⑦ タイミングが大事

ほめるときも、しかるときも、励ますときも、タイミングがとても大事です。

「啐啄同機（同時）」という言葉があります。禅宗からきている言葉だそうで、師と弟子の働きが合致することだそうです。私はこの言葉を、教育相談員となってまだ間もない頃、師匠と仰ぐ先生に教わりました。

啐というのは、卵がかえるときヒナが卵の内側から殻をつつく音、啄というのは、その音を聞いた親鳥が卵をつついて殻にヒビを入れることです。

親鳥が殻をつつくのが早すぎると、まだ中から出てくる状態ではないヒナが死んでしまいます。逆に、ヒナが出ようとして中からつついているのに、それに親鳥が気づかないと殻が割れず、やはりヒナは死んでしまいます。

親と子も同じです。その子がほめてほしいときにすかさずほめる、その子にもっとも響く瞬間に強く短くしかる、その子の気持ちが落ち着くまで待ってから励ます、というようにタイミングをみながら働きかけることが大切なのです。

外から支援しようと働きかけるときと、内側からその子のやる気が出てきたとき、そのタイミングがうまく合ったときに、子どもは劇的な成長を私たちに見せてくれることがあります。その感動は、ひとしおです。

 チェンジ! 　**性急に働きかける ➡ タイミングをみて働きかける**

5 スキルを支えるスピリッツ

① 応援のヒントはその子の中に

まず、その子の様子を観察すること、そこからすべては始まります。

保育士・教師など子どもにかかわる大人が子どものサポートについて考えようとするときには、専門知識に気後れしたり、振り回されたりすることなく、目の前にいるその子をまずよく見てみる。その子の特徴、考え方、好みを理解し、個性を味わう。それがサポートの出発点となります。そこから、その子に合った工夫を盛り込んだオーダーメイドの支援を検討していくわけです。これは、私が園や学校の先生方に必ずお伝えしていることです。

そして、その先生方の出発点よりもずっと先に進んでいるのが、保護者の皆さんなのです。どうかその子の専門家としての自信を持って子どもに接してください。

さらに、その子の「スタイル」を手がかりにして、その子の世界を味わい、その子によりフィットしたサポートのあり方（マニュアル）を読み取っていただきたいと思います。

また、それを、その子を取り巻く私たち他のサポーターにも伝えていただき、子どもと外の世界とをつなぐ架け橋となっていただければうれしく思います。

② 子どものプライドに目を向けよう

ふせんのページから
書こうとしてる？

　ウミカちゃんには、ノートのページを飛ばして書き込んでしまう癖がありました。学校で注意力が途切れたり、時間がないときにあわててしまったりするせいだろうと考えたお母さんは、各ノートの使った最終ページに毎日ふせんを貼り、どのページから書き始めればよいのか一目でわかるようにしてあげていました。

　しかしそれでも、ページ飛ばしがときどき起こるので、「ふせんのページから書こうとしてる？」と確認したところ、なぜかウミカちゃんは泣き出してしまいました。

　ウミカちゃんはたしかに、注意が途切れたり、あわてたりするせいでページ飛ばしの多い子でした。しかし、お母さんの「ふせん作戦」のおかげで、どのページから書けばよいのか、本当はもうわかるようになっていました。

　泣き止んだウミカちゃんに話を聞いたところ、それでも見られるページ飛ばしは、

実は彼女が「わざと」やっていたものでした。クラスで隣の席のカイリくんが、ウミカちゃんの字を下手くそと笑ったり、答え合わせでバツがたくさんついた算数ノートを見てからかったりするので、なるべく中身を見られたくなくて、連絡帳もノートも、毎回新しい見開きのページから書き始めていたのでした。

連絡帳は、カイリくんに見られないように大あわてで書くので、よけいに乱雑な文字になってしまっていました。このような書き飛ばしは、「書字の指導に熱心な担任の先生に汚い字を注意されたくない」と思ったときにもしていたそうです。

ウミカちゃんは、自分がうまくできないことに人一倍傷ついていました。ページ飛ばしは、壊れそうなプライドを必死に守ろうとした末の行動だったのでした。お母さんに確認されたときに涙が出たのは、そのつらさを思い出したからなのでした。

次の学期に席替えがあり、今度は仲良しの子と隣になれたことと、お母さんの「ふせん作戦」が定着してふせんを自分で貼り替えられるようになったこともあり、その後ウミカちゃんのページ飛ばしはなくなりました。

子どもの「できないこと」の陰には、このように「自分のプライドを守ろうとする行為」が隠れていることがあります。単に、この子はこれができない、という視点だけではなく、ときにはその行動の背景を調べてみると、初めて気づかされることもあるのです。

その子の傷ついた気持ちを知って、「それはつらかっただろうね」と言ってあげることも大切なサポートです。子どものプライドは、できるだけ守ってあげたいものです。

③ 心のストライクゾーンを広げよう

「発達が気になる子」のサポートを考えるとき、いわゆる「ふつうの子」つまり「典型的発達スタイル」でないとよくないという思いや、「しっかり、きっちり、ちゃんと、がんばるべき」という考え方から大人が抜け出せたらいいなと思います。

ところで、「ふつうの子」なんて、本当にいるのでしょうか。「ふつう」なのは「よい」ことで「価値のある」ことなのでしょうか？　「典型的発達スタイルの子」というのは、平均値の集合体だともいえます。でも、すべてがまったく同じ子どもどうしなど存在しないように、すべてが平均値である子なんて現実にはありえません。

誰でも何かしら人より苦手なことはあるし、どこかしら他の人とは違っています。それが「自分である」ということ、「自分らしさ」ではないでしょうか。本来、「みんな違って、みんないい」はずのものなのに、「オリジナル発達の子どもたち（発達障害の子どもたち）」は、そのみんなとの違いの度合いが現代の社会（または一斉授業の学校）では許されづらく、生きにくくなっているのだと思います。

また、自分が「しっかり、きっちり、ちゃんと」という「完璧主義」を貫こうとすれば、相手に対しても、「しっかり、きっちり、ちゃんとしなさい。がんばりなさい」とつい要求してしまうものです。しかしそうやって、保護者が、子どもが、先生が、皆が互いに完璧を求めあったら、どうなるでしょう。

「できて当然」がまかり通ると、何か問題が起きたときに「これは親がしっかり教育していないせいだ」「子どもがきっちりやらないのが悪いんだ」「先生がちゃんと個別の支援計画を立てなかったからだ」と悪者探しが始まってしまいます。

サポートの連携が機能しないときというのは、たいていこのような「原因探し」や「悪者探し」に陥ってしまっていることが多いのですが、これではよい方向に進んでゆくことができません。

　「ふつうであることだけをよしとしないこと」「不完全でも大丈夫、と思えること」という価値観が必要なのではないでしょうか。あるところで折り合いをつけて、互いに歩み寄ることで前に進めるのではないでしょうか。どこが足りないとか、何のせいでこうなったとか、誰が悪いということを見つけるために時間とエネルギーを注ぐよりも、これからこの子にどんなサポートをしてあげられるか、という「応援の工夫」や「対応法探し」を私たちはしていくべきです。

　そのために私は「心のストライクゾーンを広げる」ということが大切なのではないかと思っています。心のストライクゾーンとは、相手を受けとめる「気持ちの幅」のようなもの、と私は考えています。

　宿題をやり終えるまでの30分間、ずっと机に向かっていて当たり前、という前提で考えると、「机に10分しか向かっていられない子を、集中させて30分座らせるにはどうしたらいいか」という考えになってしまいます。すると、どうしても強制的な指導が中心になり、子どもと大人の関係が悪くなってしまいます。子どもが大人に対して反抗的になったり、自分はこんなこともできないんだと自己否定的な感覚を持ったりすることも多くなります。

　そこで、心のストライクゾーンを広げて考えると、「宿題するとき、10分も座っていられる」と発想を転換することができます。そうすればその10分をベースに、たとえばあと3分長く座っていられるにはどのような工夫をしてあげればいいのか、と

考えることができるのです。

　学校生活で、「この子はこんなこともできない、あんなこともできない」と考えていると、その子にとって否定的な見方や悲観的な思いばかり生まれてきてしまいます。

　しかし、「理科の授業のときは発言できる」「友だちと体を動かして遊ぶ時間には活き活きしている」「学校が嫌いとも言わずに元気に毎日登校している」などに気がつけば、気持ちが前向きになり、その子を肯定的に見てあげることができます。

　できて当たり前、と思っていたときには見えなかった小さなうれしいことや感動に気づけるようになり、子どもを応援しようという気持ちが湧いてくるのです。

　「心のストライクゾーン」をちょっと広げてその子を見てあげると、このような発想の転換が可能になり、子どもの「いいところ探し」がうまくできるような心構えを作ることができます。

　私たち大人が自分の先入観や価値観を少しずつ崩していくことによって、子どもたちの持つ「力」が見えるようになり、子どもたちの可能性を引き出すためのアイデアを生み出せるようになるのです。

④ 伝えたい大切なことは、おだやかに

子どもに確実に身につけてほしいことがあったら、下の３つを試してみてください。

①おだやかな口調で、日々くり返しくり返し、淡々と伝えていく

②わが家流のフレーズを考えて、できるだけ同じ言葉でしみこませる

③いつも同じ手順で、同じパターンでやらせる（変則的な指示はしない）

　これは、安全面・生活面のいわゆるしつけと呼ばれることでも、学習面でも、何に関しても同じです。

　いつまでも保護者の指示がないと動けない、というのでは困りますよね。その手順や流れを子どもがだんだん身を持って覚えてくれるよう、なるべく同じ言葉で、同じ順序で淡々と声かけを続けましょう。

　目標は、「かたわらにお母さん（お父さん）がいないときでも、お母さん（お父さん）の声が聞こえているかのごとくふるまってくれること」です。たとえば、

　「帰ったら、『手洗い、うがい、れんらくちょう』だよ」

　と、毎日同じ言葉でお母さんが言い続けるとします。最初は言われないとできないと思いますが、そのうちお母さんが、

　「帰ったら、どうするんだっけ？」と聞くと

　「手洗い、うがい、れんらくちょう」と答えてくれるようになります。

　さらにそのリズムが身につくと、声かけがなくても帰宅したら一連のふるまいをし

てくれるようになる、それを目指します。

　他の例をあげると、

「自転車乗るならヘルメット」

「字を書くときは、持ち方・左手・背筋をピン」

「ご飯のときはテレビ消す」

「小さい人には優しくね」といった具合です。

　手を洗うときや、持ち物をそろえるとき、食事や勉強のときなど、そのときどきにリズミカルに口にできる、我が家流のフレーズ、標語のようなものを子どもと一緒に作ってみるのも楽しいかもしれませんね。ポイントを覚えてもらいやすくなります。今風に、ラップ調にしてみるのも面白いと思います。

　子どもの生活に習慣づけてあげたいふるまいは、できないときにだけ声を荒げて注意したり、ときどき熱心に教えたりするよりも、その子のふるまいの一部になるようにと願って、穏やかに、淡々と、くり返し、おまじないのように気長に声をかけていきましょう。

　時間はかかるかもしれませんが、その身についたふるまいはずっと定着することでしょう。

⑤ 「ふわっと言葉」を増やそう

　私たちは、何かと「がんばれ」という言葉を使いますね。たしかに「がんばれ」は
いい言葉ですが、その言葉に甘えすぎてはいないでしょうか？　たとえば、「がんばれ」
を使わないで、子どもを励ます言葉をあげてみてください。何種類思いつくことがで
きますか？　なかなか大変だということがわかっていただけることでしょう。

　さて、これらの言葉は、ある低学年担任の先生が、子どもたちの宿題ノートに書き
入れたコメントの数々です。

　「たくさんがんばりました」「今日はがんばりましたね！」「もっとがんばって書きま
しょう」「もうすこしがんばりがひつようです」「さあ、またがんばろう！」「そのちょ
うしでがんばろう」……

　もちろん、ノートを提出してもスタンプを押すだけで何も書いてくれない先生より
はずっとましですが、毎日ワンパターンなのでは子どもの方もはりあいがありません。
言葉のバリエーションを工夫して投げかけることは、大人のほめよう励まそうという
せっかくの努力を活かすという意味でも大切です。

　発達障害のある子は、言外に含んだニュアンスや、言葉にせずともくみ取ってほし
い心情を察するのが苦手です。「算数をもっとがんばりなさい」と言われても、算数の
何をどうがんばればいいのか、「最近がんばってるね！」と言われても、最近の自分の
ふるまいの何をほめられているのか、さらには「がんばってるね」が自分へのほめ言
葉だということにも、ピンと来ない子がいるのです。

　「がんばれ」という言葉に頼りすぎずに、具体的に何をどう努力すればよいのか、そ

の努力は本人にどんなメリットがあるのか、あるいはその子のどういう変化を評価しているのか、を伝えてあげるための言葉を工夫しましょう。

　子どもたちは、「がんばれ」と言われなくてももう十分がんばってくれています。

　それなのに、さらにがんばれを連発しすぎると、子どもは現時点での自分にダメだしをされている気がして、力が抜けてしまうこともあります。

　さらには「サクヤくんもがんばっているんだから、あなたもがんばらないとね」「お父さんも毎日がんばってるんだぞ。おまえもがんばれ」とさかんに連発する大人もいますが、なぜ他の人ががんばると自分ももっとがんばらなくてはならないのか、子どもにしてみればさっぱり納得できません。

　「がんばれ」をまったく使わないのはきついですから、ときどきでよいので「がんばれ」以外の新しい「ふわっと言葉」の貯蓄にチャレンジしてみてください。

　「ありがとう」「大丈夫だよ」など、心が温かくなるような、トゲのない優しい言葉を、

私は「ふわっと言葉」と呼んでいます。反対に、「ウザい」「まだできないの？」など、相手を傷つけ、元気を奪ってしまうトゲのある言葉を、私は「チクッと言葉」と呼んでいます。

　たくさんの「ふわっと言葉」を与えられている子は、相手にも「ふわっと言葉」を返してあげられる子になります。言葉はキャッチボールですから、「ふわっと言葉」を投げてあげれば、相手が「ふわっと言葉」で返してくれる可能性も高まります。

　その子が周囲の人々に温かく見守ってもらえるためにも、なるべく大人の「ふわっと言葉」のバリエーションを増やして、子どもにかけてあげるようにしましょう。

● みとめる「ふわっと言葉」

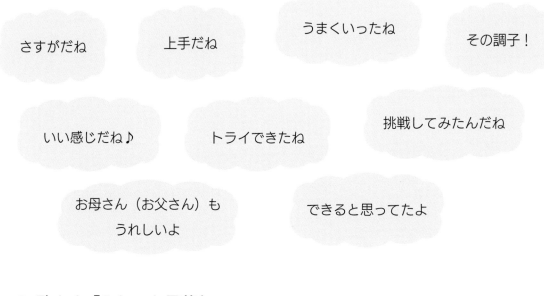

さすがだね

上手だね

うまくいったね

その調子！

いい感じだね♪

トライできたね

挑戦してみたんだね

お母さん（お父さん）も
うれしいよ

できると思ってたよ

● 励ます「ふわっと言葉」

次があるよ

大丈夫だよ

もう一度やってみよう

待ってるよ

⑥ あなたもがんばりすぎないで

子どもたちは、もう十分がんばってくれています。がんばらせすぎると、すり切れてエネルギー切れになってしまいます。

同じように、保護者の皆さんも、きっと十分がんばっていらっしゃったのではありませんか。保護者、とりわけお母さんという役割は、昼も夜もずっと多忙で、365日、24時間ノンストップです。オンとオフの切り替えがなかなかできません。自分を犠牲にし、楽しみも持たず、すべての時間を子どもや家族のために費やしているというお母さんにも大勢お会いします。

しかし、そうやってがんばりすぎるといつしか息切れしてしまい、子どもにポジティブに接するためのエネルギーも失ってしまいます。子どもにがんばりすぎないようにさせるには、大人の側も「がんばりすぎない姿」を見せなくてはなりません。

「がんばること」や、「一人でできること」をあまりに重要視してしまうと、困ったときやわからないときに、誰かに援助を求めづらくなってしまいます。

私が以前、発達障害の成人の方の就労のサポートをしていたときに出会ったコグレさんは、人に援助を求めることが得意でなく、職場でも自己判断で作業してミスをしてしまうことが幾度となくありました。

彼は、「教えてほしい」「手伝ってください」と援助を求めることはかっこ悪いことだから何でも自分一人でできるようにならなくてはだめだ、と周囲の大人に教わったそうです。

自分一人ではできないことにぶつかったとき、上手に人に援助を求められること、

それは生きていく上で大切なスキルの１つなのではないでしょうか。それにはある種の勇気も必要になります。

　しかし、たとえ大人であっても、そのスキルをうまく身につけている人というのは意外に少ない気がします。もっと「援助を求めるスキル」の大切さに目を向けてほしいと思います。

　とくに発達障害のある子の中には、プライドが高すぎて援助を求めることが苦手な子が多いのですが、将来のためを考えて、幼いうちからそのスキルを身につけさせてあげたいものです。

　そのためには、お母さんも一人でがんばりすぎず、ときに、周りの大人たちに援助を求めて、甘えてみることです。お母さんが子育てを一人で抱え込み悩んだりすることのないように、お父さんやおじいちゃんおばあちゃん、家族や周りの援助者の助けを上手に借りながら、皆でその子を育んでいけるとよいですね。

　子どもたちは本当に「モデリング」がとても得意です。教えなくても、知らないうちに、身近な大人の言葉遣いやふるまいを真似しています。

　大人が子どものモデルとしてふるまうことで、言葉を使わなくても、「完璧でなくても大丈夫」なことや、「ときには助けを求めることも大切」なことなど、子どもにいろいろなことを伝えてあげることができるのです。

⑦「人生を楽しむ大人のお手本」になる

　子どもと前向きに向き合っていくためにとても大切なことの１つ、それは、自分なりの「趣味、楽しみ」を持っているということです。

　皆さんには、そんな楽しみがありますか？　子どもが毎日がんばっているのだから、自分がそんなことをするのは許されない。そんなふうに思い詰めていらっしゃる保護者の方もおられます。

　しかし、専門用語では「レジャースキル」などと呼ばれていて、レジャースキルのレパートリーを広げることは、家族みんなにとって大切なことなのです。

　子どもと向き合うこと、ほめたり励ましたりすることには、ゆとりや心のエネルギーが要るものです。心に余裕のないとき、心のエネルギーが足りないときには、つい子どもを叱り飛ばしてしまったり、ネガティブな接し方をしてしまったりします。

　ポジティブに子どもに接するエネルギーを充電するためには、なるべく家族や地域の支援を活かして支えあうことです。

　とくに、ずっと子どもと接していることの多いお母さんには、休日くらい一人でショッピングに行ったり、思い切って数日旅行に出かけたり、あるいは夫婦で食事や映画に行ったりと、リフレッシュできる時間を作ってあげてほしいと思います。ご本人のためにも子どものためにも「お母さん休業日」が、絶対に必要なのです。

　私たち保護者は、子どもを大事にしながらも自分の人生を楽しむゆとりを見せ、「人生を楽しむ大人のお手本」でありたいと思います。お父さんやお母さんが子どものために人生を犠牲にしているように見えては、子どもも自分の存在をプレッシャーに感

じてしまいます。

　子どもの最も身近な将来のビジョン、自分が大人になったときの姿は、保護者の姿なのです。子育てに追われ、苦労が絶えず、けんかばかりしている家族の姿を見せていては、子どもは将来に希望が持てるはずもありません。

　子育てに奮闘しつつも、人生に楽しみを見出し、生活をエンジョイしている保護者の姿を見て、人生ってつらいことだけじゃないんだな、家族っていいものだな、大人になるっていいな、生きるって楽しそうだな、そう感じてくれたなら、それは子どもへの一生の贈り物になるはずです。

　レジリエンス（4励ますスキル④参照）は、将来に対して楽観的・希望的なビジョンを持っている人の方がより強いという傾向があるそうです。

　人生を楽しむことも知っている保護者のお子さんは、自分の将来を悲観したりせず、きっと希望を持って成長してくれることでしょう。

■ 阿部利彦の本（引用文献・参考文献）

[発達障害を学びたい人に]・・・

　発達障害についての基本となる情報と、理解の仕方、支援方法について紹介しています。

● 発達障がいを持つ子の「いいところ」応援計画　ぶどう社、2006

● 新・発達が気になる子のサポート入門　学研プラス、2014

● これだけは知っておきたい　発達が気になる児童生徒の理解と指導・支援　金子書房、2019

[保護者に]・・・

　その子らしさを大切にするために、保護者としてどのようにかかわっていけばよいかを書いています。

● 「発達障がい」が気になる子を伸ばす育て方　PHP研究所、2010

● 見方を変えればうまくいく！　発達が気になる子の子育てリフレーミング　中央法規出版、2015

[支援者、先生、保護者に]・・・

　さまざまなつまずきのある子どもたちの支援について、事例を通じて、支援上注意すべき点をとりあげ、どのように支援していけばよいかを様々なアプローチでまとめています。

● クラスで気になる子の支援　ズバッと解決ファイル　金子書房、2009

● クラスで気になる子の支援　ズバッと解決ファイル NEXT LEVEL　金子書房、2012

● クラスで気になる子の支援　ズバッと解決ファイル V3 対談編　金子書房、2017

● 見方を変えればうまくいく！　特別支援教育リフレーミング　中央法規出版、2013

[先生に、教育のユニバーサルデザインについて学びたい人に]・・・・・・・・・・・・・・・・・・・・・・・・・・

　より多くの子どもたちが学びやすい、過ごしやすい学級のための、ユニバーサルデザインの視点をいかした授業づくりや学級づくりについて紹介しています。

● 通常学級のユニバーサルデザイン　プラン ZERO　東洋館出版社、2014

● 通常学級のユニバーサルデザイン　プラン ZERO 2 授業編　東洋館出版社、2015

● 通常学級のユニバーサルデザイン　スタートダッシュ Q&A55　東洋館出版社、2017

● 決定版！　授業のユニバーサルデザインと合理的配慮　金子書房、2017

● 人的環境のユニバーサルデザイン　東洋館出版社、2019

■著者紹介

阿部　利彦（あべ・としひこ）

星槎大学大学院教授。

日本授業 UD 学会湘南支部顧問。

専門は、教育相談、学校カウンセリング、学校コンサルテーション。1968 年生まれ。早稲田大学人間科学部卒業、東京国際大学大学院社会学研究科修了後、東京障害者職業センター生活支援パートナー（現・ジョブコーチ）、東京都足立区教育研究所教育相談員、埼玉県所沢市教育委員会健やか輝き支援室支援委員などを経て現職。

長年、発達障害がある子とその家族の相談支援に携わり、その豊富な経験から全国各地で多数の講演会や研修会の講師を務める。著書に『これだけは知っておきたい　発達が気になる児童生徒の理解と指導・支援:多様性のある子どもたちのあしたのために』（金子書房 2019）『発達障がいを持つ子の「いいところ」応援計画』（ぶどう社、2006）『通常学級のユニバーサルデザイン　スタートダッシュ Q&A55（東洋館出版社、2017）『見方を変えればうまくいく！　発達が気になる子の子育てリフレーミング』（中央法規出版、2015）など多数。

■イラスト　おのみさ
■組　　版　GALLAP
■装　　幀　後藤葉子

大人が変われば、子どもが変わる
発達障害の子どもたちから 教わった35のチェンジスキル

2020 年 7 月 20 日　第 1 刷発行
2022 年 2 月 25 日　第 3 刷発行

著　者　阿部利彦
発行者　坂上美樹
発行所　合同出版株式会社
　　　　東京都小金井市関野町 1 - 6 -10
　　　　郵便番号　184-0001
　　　　電話 042（401）2930
　　　　振替 00180-9-65422
　　　　ホームページ https://www.godo-shuppan.co.jp/
印刷・製本　恵友印刷株式会社

■刊行図書リストを無料進呈いたします。
■落丁・乱丁の際はお取り換えいたします。